Couverture inférieure manquante

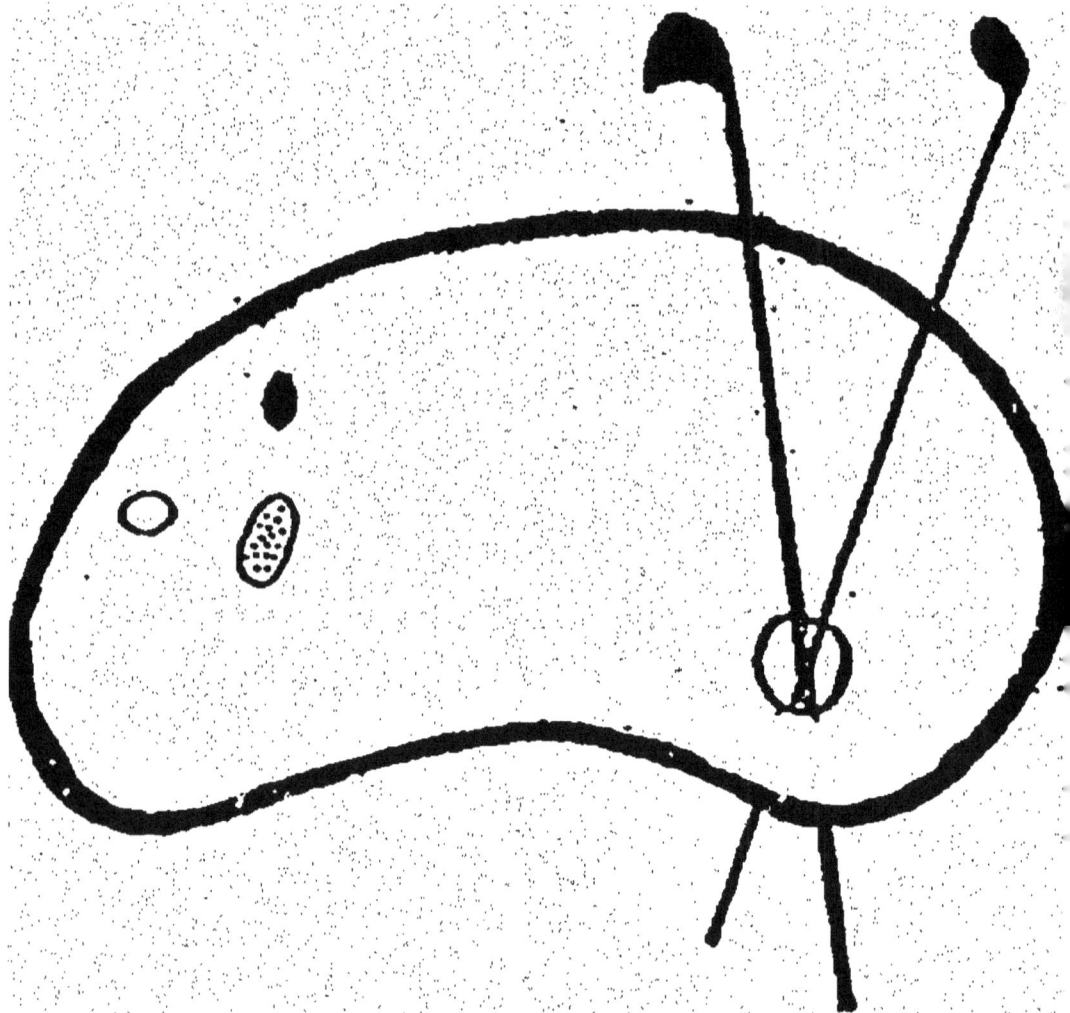

DEBUT D'UNE SERIE DE DOCUMENTS
EN COULEUR

LES
AVEUGLES UTILES

PAR

MAURICE de la SIZERANNE

Un exemplaire de cette brochure est adressé gratuitement à tous ceux qui en feront la demande à l'auteur, à Tain (Drôme). (Se trouve aussi à l'Institution des jeunes aveugles, Paris, 56, boulevard des Invalides.)

PARIS-AUTEUIL
IMPRIMERIE DES APPRENTIS-ORPHELINS
40, rue La Fontaine, 40

1881

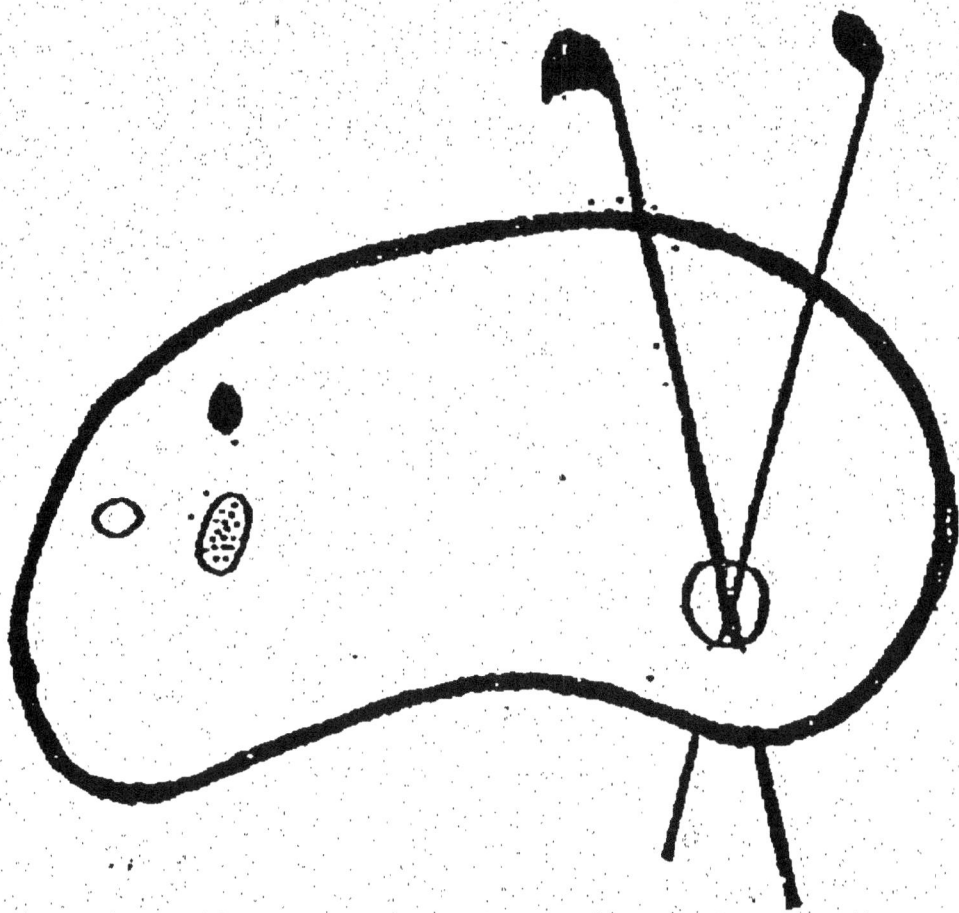

FIN D'UNE SERIE DE DOCUMENTS
EN COULEUR

LES

AVEUGLES UTILES

MAURICE de la SIZERANNE

❧

Un exemplaire de cette brochure est adressé gratuitement à tous ceux qui en feront la demande à l'auteur, à Tain (Drôme). (Se trouve aussi à l'Institution des jeunes aveugles, Paris, 56, boulevard des Invalides.)

PARIS-AUTEUIL
IMPRIMERIE DES APPRENTIS-ORPHELINS
40, rue La Fontaine, 40

1881

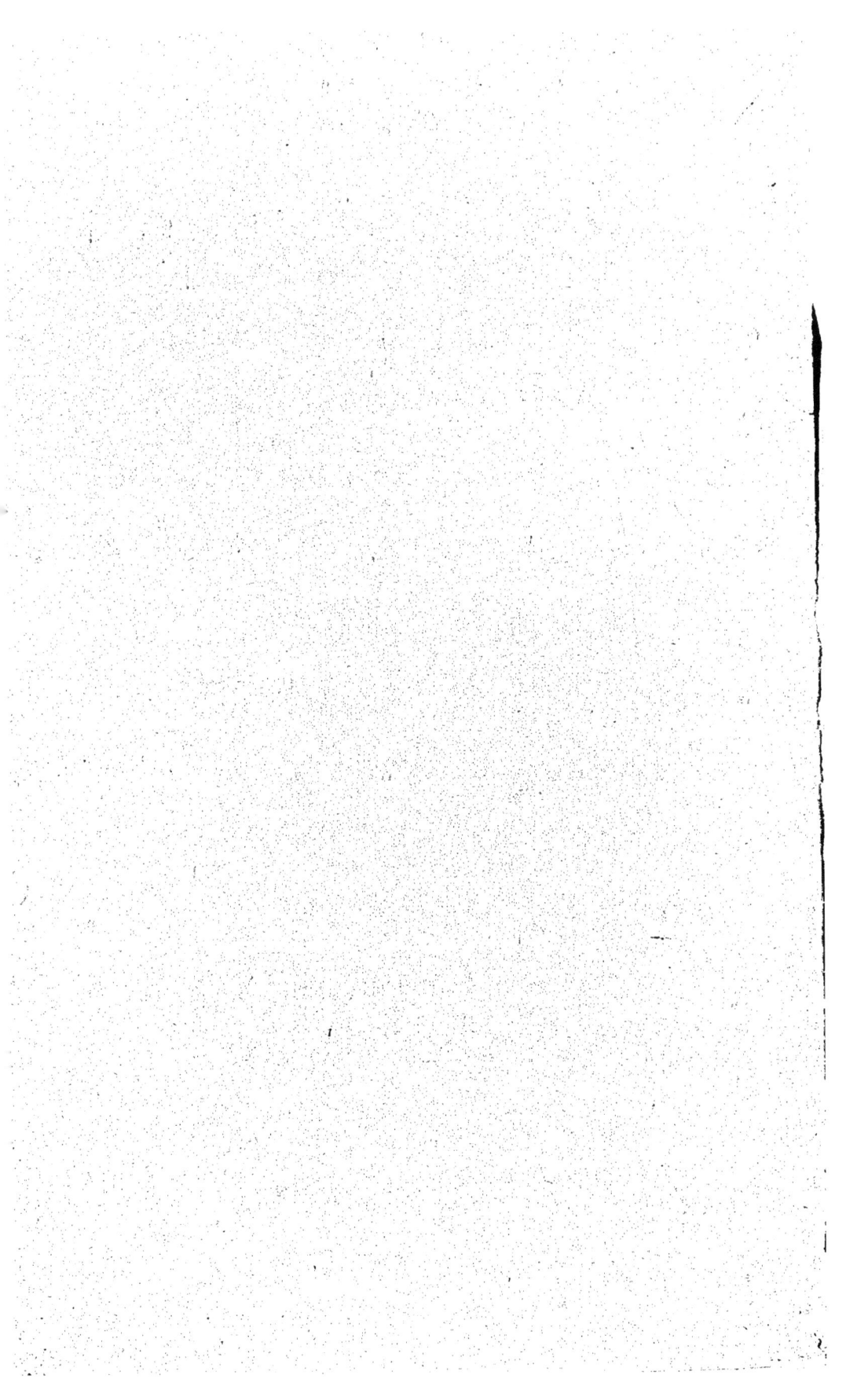

DE
L'AVEUGLE EN GÉNÉRAL

I

Qu'est-ce qu'un aveugle au point de vue social? A en croire beaucoup de personnes, c'est un être à part, inutile à la société, pour laquelle il est une charge s'il est pauvre et un embarras s'il est riche. Dans le premier cas il est fatalement voué à la mendicité, dans le second à l'oisiveté, dans tous les deux à l'ignorance.

Cet exposé brutal mais fidèle, d'une opinion, hélas! trop accréditée, soulèvera, je le sais, de généreuses protestations. Bien des gens, plus émus par l'expression tranchante donnée à la forme, que par le fond même du jugement, s'improviseront les défenseurs des aveugles, agissant ainsi plus par sentiment que par conviction; mais à tout prendre leurs idées sur les conséquences de la cécité diffèrent peu, nous allons le voir, de celles qui sont communément reçues.

Qu'importe en effet que des érudits en fouillant leur mémoire y retrouvent les noms de Didyme, Malaval, Saunderson, Huber, Bérard (1), et de tant d'autres, qui ont assez

(1) Didyme, célèbre orateur chrétien, au IVe siècle, occupa la chaire philosophique d'Alexandrie. Malaval au XVIIe siècle, fut une des gloires littéraires de Marseille. (Voir *Etude biographique et bibliographique de Malaval, aveugle de Marseille,* par l'abbé Dassy. Marseille 1869). Saunderson, professeur de mathématiques à l'université de Cambridge, et dont tous les auteurs qui ont écrit sur les aveugles parlent longuement. Huber, naturaliste suisse de la fin du XVIIIe siècle (Voir *Revue Britannique,* n° 1, 1833.) Bérard, qui fut dans ce siècle, professeur de mathématiques et principal du collège de Briançon, a laissé des ouvrages estimés sur les mathématiques spéciales (Voir *Biographie des hommes notables du Dauphiné,* par Rochas)

montré qu'un aveugle, même de naissance, peut avoir une belle intelligence. Qu'importe que d'autres personnes se rappellent avoir vu un de ces aveugles adroit, intelligent, musicien, qui, sans maître, ni procédés spéciaux, a obtenu après bien des tâtonnements d'assez bons résultats dans des travaux mécaniques, intellectuels ou artistiques. Tout cela ne modifie point le jugement porté en général sur les aveugles.

Il est évident que l'aveugle qui ignore les procédés appropriés à la cécité : qui, artisan, manque des outils spéciaux, qui, littérateur et musicien, ne peut écrire et se relire sans aide, a perdu beaucoup de temps, gaspillé beaucoup d'intelligence en vaines recherches, et qu'il n'a pu obtenir que des résultats incomplets, certainement fort curieux au point de vue de la difficulté vaincue, mais presque sans valeur économique, soit à cause de l'imperfection de la forme, soit à cause de la lenteur de la production. Lorsque des aveugles dans cette situation ont pu arriver à passer agréablement leur temps à l'aide d'une occupation à peu près inutile, autour d'eux on a crié au miracle. Mais est-on allé plus loin ? Tous ces admirateurs ont-ils accordé à l'homme atteint de cécité, le droit et la possibilité d'employer utilement son travail, d'en tirer des résultats pratiques en vivant et au besoin en faisant vivre les autres de son labeur ? Non, certes ! Ces aveugles eux-mêmes, ne se seraient jamais permis une prétention si disproportionnée à leur mérite.

Les Didyme, les Saunderson ont bien tenu une place importante parmi leurs contemporains, ont été utiles à leur pays, c'est incontestable, mais ces hommes avaient des facultés remarquables, presque du génie. Or, si pour être bon à quelque chose, il faut une intelligence transcendante, les aveugles en très grande majorité sont bien ce que j'ai dit au début : une charge ou un embarras pour leur pays et leur famille. Car chez eux comme chez les clairvoyants, la supériorité de l'esprit n'est que le privilège du petit nombre.

II

Oui, il ne faut pas se le dissimuler, charge ou embarras, pendant longtemps, l'aveugle n'a été que cela pour la société ; et peut-être aujourd'hui verrions-nous encore subsister ce triste état de choses, si, vers la fin du siècle dernier, Dieu n'avait suscité une de ces âmes d'élite, un de ces cœurs généreux, qui font beaucoup, parce qu'ils aiment beaucoup, et qui sans bruit, quelquefois sans aide, opèrent de véritables révolutions dans i'ordre moral et intellectuel. Valentin Haüy (1), trop peu connu, beaucoup moins célèbre que son frère l'abbé Haüy, (qui découvrit il est vrai la cristallographie), fut cette âme d'élite, ce n'est point assez, cette âme de génie. Le premier instituteur des aveugles eut en effet plus que la charité qui se consacre à une œuvre déjà connue, il fut de ceux qui ouvrent aux dévouements nouveaux des carrières nouvelles, en montrant dans l'humanité une mine inexploitée, une force restée jusque-là improductive, et par une admirable intuition, il entrevit la possibilité de rendre l'aveugle à la vie active en remplaçant chez lui la vue par le toucher.

Cette substitution, dans l'instruction, d'un sens à un autre avait déjà été tentée par plusieurs aveugles (2) ; mais ces essais imparfaits, isolés ne pouvaient donner des résultats importants et sérieusement pratiques. Regardée comme un prodige d'adresse et de sensibilité, l'application du tact à la

(1) Valentin Haüy, né en 1745 à St-Just (Oise) mort en 1822. (Voir *Notice biographique sur Val. Haüy* par P.-A. Dufau, dans son ouvrage intitulé : *Des aveugles. Considérations sur leur état physique, moral et intellectuel.* page 303. 2e édition.)

(2) Mlle de Salignac, jeune aveugle d'une intelligence et d'une instruction remarquables ; Mlle Paradis, cantatrice, pianiste et compositeur viennoise, écrivaient et lisaient les paroles et la musique à l'aide de piqûres d'épingles, faites sur des cartes. Veissembourg de Manheim, aveugle dès l'enfance, s'était fabriqué en relief des cartes géographiques très complètes. Le fameux Saunderson avait inventé pour calculer un appareil très simple et très ingénieux.

lecture et à divers travaux intellectuels ne se vulgarisait pas et restait l'apanage de quelques aveugles privilégiés. Haüy s'étant trouvé à même de constater la délicatesse du toucher d'un mendiant aveugle, se demanda si : en réunissant et perfectionnant les systèmes déjà connus, en cherchant de nouveaux procédés, enfin en créant une méthode d'instruction professée par des maîtres spéciaux, on n'arriverait pas à faire exécuter par tout aveugle d'une intelligence moyenne ce qui avait été accompli par quelques aveugles remarquablement doués à vrai dire, mais qui, travaillant sans guide, avaient à surmonter bien des obstacles matériels qui seraient désormais aplanis. Haüy voulut par la pratique s'assurer de la justesse de cette théorie, et, en 1784, il ouvrit dans sa propre maison la première école pour les jeunes aveugles.

Les années s'écoulèrent (1). . . . Après bien des vicissitudes, bien des recherches, l'œuvre du généreux instituteur

(1) Je ne puis, ni ne veux faire ici l'histoire de l'institution de Paris, qui serait celle de l'éducation de l'aveugle. Une semblable étude aurait certainement un réel intérêt ; mais elle excéderait de beaucoup les bornes de ce travail. Conçues en vue d'un résultat essentiellement pratique, et dans l'espoir d'être parcourues par beaucoup de personnes, ces pages, pour atteindre leur but, doivent être courtes, et dépouillées de tout détail, de toute controverse pédagogique. Ceux qui voudraient approfondir cette question pourraient utilement consulter : *Essai sur l'éducation des aveugles,* par Haüy ; Paris 1786. — *Des aveugles ; considérations sur leur état physique, moral et intellectuel,* par P.-A. Dufau ; 2e édition. Paris 1850. — *Le sourd-muet et l'aveugle,* par l'abbé Carton. Bruges 1837. — *L'institut des jeunes aveugles, son histoire et ses procédés,* par J. Guadet, 1850. — *Esquisse historique de l'institut des jeunes aveugles de Paris,* par le docteur Pignier, 1860, etc. etc. — Ces ouvrages quoique forcément incomplets, vu la date déjà éloignée de leur publication et leur cadre relativement restreint, ont cependant une réelle valeur. Toutefois, il est bon d'être averti que dans plusieurs d'entre eux, les auteurs n'ont pas su soustraire leur jugement à l'influence de petites rivalités d'écoles et même de personnes. Le compte-rendu du *Congrès universel pour l'amélioration du sort des aveugles et des sourds-muets, tenu à Paris en 1878,* présente aussi un véritable intérêt. Paris, imprimerie nationale.

prit un sérieux développement : de nouvelles écoles s'élevèrent, on perfectionna les systèmes. Louis Braille (1) inventa son admirable écriture, devenue la base de l'enseignement ; et aujourd'hui tout enfant aveugle qui, d'ailleurs se trouve au moral et au physique dans des conditions normales, peut atteindre un degré d'instruction intellectuelle et professionnelle qui lui permette de gagner honorablement sa vie. L'expérience est faite, et chaque jour de nouveaux exemples viennent la confirmer : combien pourrais-je citer d'aveugles de famille pauvre, qui, par leur intelligence et leur travail sont arrivés à l'aisance et à la considération ?

III

Comment se fait-il que tant d'esprits éclairés, n'aient encore sur les conditions faites à la cécité que des idées aussi confuses ? D'où vient que tant de personnes ignorent même l'existence des écoles pour les aveugles, ou, connaissant leur existence ne les regardent que comme des asiles, des hospices ? Constamment on voit confondre, même par des fonctionnaires publics, l'institution des jeunes aveugles de

(1) Louis Braille, né à Coupvray, (Seine-et-Oise) le 4 janvier 1809 devint aveugle dans son enfance ; admis à l'institution des jeunes aveugles de Paris, il y fit de très bonnes études et en devint un des meilleurs professeurs. Il publia en 1829 son admirable système d'écriture, qui s'applique également aux paroles, aux chiffres et à la musique. Il mourut le 6 janvier 1852. (Voir sur Braille et son système d'écriture et de lecture, la brochure intitulée : *Anaglyptographie et raphigraphie de Braille*, exposées par Levitte, censeur à l'institution des jeunes aveugles de Paris, 1880. (On peut se procurer cette brochure à l'économat de l'institution, 56, boulevard des Invalides, Paris.)

Paris (1), avec l'hospice des Quinze-Vingts (2), c'est-à-dire un collège avec un asile.

C'est que tout ce qui a été fait et se fait chaque jour pour les aveugles, est fort peu connu. La publicité, cette grande force de notre siècle, ne s'est jamais emparée de cette question encore jeune, il est vrai, mais qui au point de vue de la vogue a déjà été dépassée par tant d'autres bien plus jeunes qu'elle. On a peu écrit sur les aveugles, et surtout ce qui a été publié, du moins à ma connaissance, est, ou trop technique, trop spécial, ou trop superficiel. Il n'y a pas eu de milieu entre le volumineux traité pédagogique, qui peut instruire, mais que personne ne lit, et l'article de journal, lu par tout le monde, mais qui n'instruit personne. Ces feuilletons, écrits à la hâte, d'après des notes prises en courant et sans connaissance préalable de la question, tendent à amuser, plutôt qu'à éclairer le lecteur : l'écrivain, pressé par le temps, ne voulant et ne pouvant qu'effleurer chaque chose s'attache alors de préférence au côté pittoresque de la question, et laisse à peine entrevoir le grand intérêt moral qu[i] s'y attache.

Et puis, il faut bien le dire, on peut se tromper en voyant le petit nombre d'aveugles sérieusement instruits proportionnellement au nombre de ceux qui restent dans une ignorance presque complète. En France on compte environ

(1) L'institution des jeunes aveugles de Paris (56, boulevard des Invalides) est exclusivement consacrée à l'éducation des jeunes aveugles des deux sexes. Elle n'admet les enfants qu'à partir de 9 ans et ne conserve aucun élève âgé de plus de 21 ans. (Pour plus de détails, voir ci-après le chapitre intitulé : *Des institutions de jeunes aveugles*, et au besoin s'adresser au directeur de ladite institution.)

(2) Asile des Quinze-Vingts (28, rue de Charenton, Paris.) Trois cents aveugles adultes, âgés d'au moins 40 ans, habitent les bâtiments de l'hospice. Indépendamment de ces pensionnaires internes, les Quinze-Vingts, accordent des pensions de 200, 150, et 100 francs à environ 2.000 aveugles français. (Pour plus amples renseignements, s'adresser au directeur de l'hospice des Quinze-Vingts.)

30.000 (1) aveugles de tout âge, de l'un et de l'autre sexes; et l'on n'évalue pas à moins de 3.000 le nombre des enfants qui se trouvent dans les conditions requises pour recevoir un enseignement professionnel; eh bien, les écoles spéciales sérieusemeut organisées contiennent à peine 500 élèves des deux sexes. Cependant, si l'instruction et l'éducation sont bonnes pour tout le monde, elles deviennent indispensables pour l'aveugle qui, sans leur secours reste un être inférieur et inutile.

L'enfant atteint de cécité est privé par là d'un grand nombre de distractions, je dirai plus, d'enseignements que les clairvoyants de son âge reçoivent par les yeux, et cela : sans maitres, sans efforts, sans même s'en apercevoir. L'activité physique et morale de cet enfant ne peut sans danger rester comprimée, étouffée ; on verrait le corps et l'esprit rapidement s'étioler. Il faut l'accoutumer à ne pas craindre ce qui l'environne, à se mouvoir librement dans son petit cercle, à prendre de l'exercice au grand air. Ce n'est pas tout, des occupations, des amusements lui sont néces- saires; devenu homme il lui faudra bien des compensations, et c'est un peu de vie intellectuelle qui doit le mieux satis- faire ces légitimes exigences. Il faut donc donner des ali- ments à cette jeune intelligence, à cette jeune imagination qui réclament le mouvement avec d'autant plus d'insistance qu'elles sont prisonnières dans un corps prisonnier lui-même.

Tout cela paraît bien simple, bien facile à faire ; pourtant il est très rare qu'en dehors de l'école on puisse y arriver. La famille, dans la classe pauvre, est trop ignorante de tout, trop absorbée par le labeur quotidien ; dans la classe aisée elle est non moins ignorante en ce qui concerne l'éducation des aveugles, et surtout trop tendre, de cette tendresse peu éclairée qui ne sait pas voir le véritable intérêt de l'objet aimé. Ce dernier défaut d'ailleurs bien excusable, mais qui

(1) Ces chiffres ne peuvent être qu'approximatifs, vu l'insuffi- sance des statistiques publiées sur ce sujet.

n'en est pas moins à déplorer à cause des fâcheuses conséquences qu'il entraîne, est souvent commun aux deux classes ;
on tremble toujours pour le petit aveugle, et de peur qu'il
ne lui arrive quelque accident, on finit par le laisser végéter
dans un coin. Certes, il y a là beaucoup à faire..... Mais ce
n'est pas le lieu de traiter cette importante question sur laquelle je me suis déjà trop étendu, et qui ne peut cependant
qu'être effleurée ici, alors qu'elle mériterait d'être l'objet
d'une étude attentive et étendue.

IV

Mais il ne dépend pas seulement de l'aveugle de devenir
l'homme utile qu'il peut être en effet. Non, sorti de l'école,
il faut encore et surtout qu'il trouve à exercer la profession
qui lui a été enseignée, et qui doit lui permettre de gagner
sa vie. C'est alors aux particuliers de connaître et de comprendre le grand devoir qui leur incombe.

L'instruction, nous venons de le voir, est plus nécessaire
à l'aveugle qu'à tout autre ; la société doit satisfaire ce besoin et c'est une de ces obligations qu'une assemblée peut
imposer à un pays en votant des fonds dans un budget en
organisant des écoles, choses qui ne sont pas à la portée de
tous. Mais quand il s'agit de faire sortir des résultats pratiques de l'instruction puisée dans ces écoles, c'est-à-dire
quand il faut donner à l'accordeur de pianos et d'orgues des
instruments à accorder, au professeur des élèves à instruire,
à l'organiste un orgue à tenir ; les assemblées, les lois,
restent impuissantes, et d'ailleurs leur intervention serait
plus nuisible qu'utile ; c'est aux particuliers, comme particuliers, que reviennent le droit et l'honneur de couronner
librement et en pleine connaissance de cause, la grande
œuvre à laquelle comme citoyens, ils avaient été tenus de
participer souvent sans en avoir conscience.

Malheureusement ce devoir est peu compris : et comment
en serait-il autrement, puisque tant de personnes ne savent

même pas qu'un sérieux enseignement professionnel puisse être donné aux aveugles. Cette ignorance, que je déplorais plus haut en thèse générale, et que j'ai longuement exposée dans l'espoir de la mieux combattre, a dans la pratique des conséquences désastreuses. On n'est pas accoutumé à voir l'aveugle remplir telle ou telle fonction, on en conclut implicitement que la cécité l'en exclut. Ou, dispositions plus fâcheuses encore et sur lesquelles je tiens à fixer l'attention, parce qu'on a vu un aveugle imparfaitement instruit, qui naturellement ne peut s'acquitter d'une tâche au-dessus de ses forces (1), on prend cet aveugle pour type, et l'on déclare, souvent avec une grande bonne foi, que l'aveugle ne peut atteindre que la médiocrité. Certainement, la science infuse n'est pas donnée aux aveugles plus qu'aux clairvoyants, ils ne peuvent rien savoir avant d'avoir rien appris ; mais ainsi que j'espère le montrer dans les chapitres suivants, l'aveugle, aussi bien que le clairvoyant, avec du travail et un bon enseignement, peut acquérir dans certaines professions un haut degré d'habileté.

V

Lorsque pour la première fois vous rencontrez un accordeur, un professeur, un organiste aveugle, je vous en supplie, ne lui fermez pas systématiquement votre porte, mais faites pour lui ce que vous faites tous les jours pour les clairvoyants : prenez des renseignements, cherchez à vous éclairer, la lumière est si belle même dans les petites choses, enfin, si vous êtes vraiment compétent, mettez à l'épreuve le savoir de ce candidat, c'est le meilleur moyen de vous convaincre. L'œuvre achevée, jugez sans parti pris, sans l'idée arrêtée d'avance de trouver quelque chose à critiquer, sans chercher à découvrir des imperfections

(1) Voir au chapitre suivant, (*Des institutions de jeunes aveugles.*) page 19, les précautions prises par l'institution des jeunes aveugles de Paris, pour éviter cet inconvénient.

que l'on ne penserait même pas à signaler dans l'ouvrage d'un clairvoyant. Soyez juste, en un mot, rien que juste, je ne demande pas l'indulgence; et vous verrez que fréquemment on trouve chez l'aveugle sérieusement instruit, plus de fond, plus de consciencieuse application que chez beaucoup de clairvoyants.

Souvent, celui-ci aura un extérieur plus brillant, la possession de tous ses sens lui donnant plus d'assurance ; mais celui-là qui, au premier abord, pourra paraître timide, hésitant, mettez-le à son aise, donnez-lui le temps de se reconnaître, ce qui n'est pas long, surtout lorsqu'il sent autour de lui un peu de bienveillance, vous vous apercevrez alors qu'il sait à fond ce qu'il sait, qu'il a creusé son art, et qu'il apporte tous ses soins aux moindres choses. Du reste cela est tout simple, et je ne cherche pas à lui en rapporter une part de mérite plus grande que celle qui lui est due. Cet aveugle a eu l'avantage de recevoir un enseignement intellectuel et professionnel tout spécial, dans lequel les moindres parties convergeaient vers le but final. Bien plus, une fois dans le monde, il voit tous les jours son talent, son aptitude même, mis en question, par ceux qui ne croient pas aux aptitudes des aveugles, ou qui ont intérêt à les décrier ; il ne peut donc s'endormir sur sa réputation, et son intérêt le plus élémentaire lui commande impérieusement de réussir dans tout ce qu'il entreprend.

Oui, je le répète, il faut que la société donne du travail à l'aveugle instruit comme elle a donné de l'instruction à l'aveugle ignorant; c'est son intérêt, c'est son devoir. Son intérêt, parce que l'aveugle pauvre qui gagne sa vie n'est plus à la charge de personne; son devoir, parce qu'elle doit utiliser toutes les forces productives qui se trouvent dans son sein ; et, en manquant à cette obligation, la société se montrerait aussi inconséquente qu'inhumaine. Pourquoi, en effet, enlever le jeune aveugle à sa famille; le garder neuf ans dans une maison d'éducation, lui faire recevoir les leçons d'excellents maîtres, développer son intelligence, ouvrir, agrandir ses horizons intellectuels, faire de cet aveugle un bon ouvrier, un artiste de talent, si c'est pour lui refuser impitoyablement, à la sortie de l'école, le moyen de se servir d'un savoir laborieusement acquis, si c'est pour lui dire : Va, mendie ton pain, nous voulons bien te faire l'aumône, mais non te donner du travail. En effet, prendre des renseignements, faire un essai, tout cela est trop long, donne trop de peine, et d'ailleurs à quoi bon? Vouloir faire de l'aveugle un homme utile, c'est une utopie; quoi que l'on tente pour atteindre ce but, l'aveugle pauvre restera toujours un mendiant plus ou moins déguisé.

Il valait mieux alors laisser l'enfant aveugle végéter dans son ignorance, dans sa profonde nuit physique et intellectuelle; au moins il n'aurait jamais su ce qu'il était capable de faire; probablement sa vie si précaire aurait été courte, et on lui eût épargné ce raffinement de cruauté, qui consiste à donner de l'éducation à l'aveugle afin qu'en faisant de lui un mendiant instruit, il sente mieux l'horreur de sa position.

VI

Mais on ne réfléchit pas..... Vous êtes-vous quelquefois demandé ce que devient l'aveugle auquel on refuse si légèrement l'emploi qu'il sollicite, alors que sans examen, sans hésitation, on accorde ce même emploi à un clairvoyant souvent incapable? Est-ce pour lui une simple contrariété? Est-ce une gêne, un sacrifice? Non, tout cela ne serait rien! Pour l'aveugle, prenez-y garde, c'est fréquemment une question de vie ou de mort. Trouve-t-il des accords, des leçons, un orgue; son existence est assurée; certainement, il pourra voir de mauvais jours, nul n'en est exempt, mais il aura toujours du pain, et souvent sa position lui permettra de se marier, d'élever une famille, de diriger ses enfants vers d'honorables carrières, en un mot, de devenir membre actif de la société et de dédommager largement son pays des sacrifices qu'il aura faits pour son éducation. Au contraire, est-il repoussé, c'est un homme perdu !

Un clairvoyant ne peut-il obtenir de l'emploi dans la profession que son goût, quelquefois son seul caprice lui a fait choisir, cela ne le laisse pas sans ressources : l'agriculture, le commerce, l'industrie, les administrations sont à sa portée, il peut attendre des jours meilleurs en remplissant une de ces mille fonctions qui demandent des yeux, mais aucun apprentissage. Pour l'aveugle, il n'en est point ainsi : le nombre est très limité des fonctions qui lui sont ordinairement accessibles (1) ; le métier ou l'art dont il a fait une sérieuse étude, est souvent le seul qui puisse convenir à ses facultés physiques ou intellectuelles ; dans tous les cas, il ne saurait en exercer un autre sans faire préalablement un long apprentissage. En effet, les fonctions purement mécaniques, du moins celles qui sont suffisamment rémunératrices (2), con-

(1) Je dis ordinairement, parce que dans presque tous les métiers, ou arts professionnels, dans presque toutes les carrières libérales, on peut citer un ou plusieurs aveugles qui s'y distinguent ou qui s'y sont distingués. Il y a des exemples d'aveugles garçons de ferme, bergers, guides dans les montagnes, constructeurs de routes, commissionnaires, commis de magasin, négociants, chefs d'usine, mécaniciens de toute sorte, horlogers, sculpteurs, professeurs de sciences, de lettres, etc., etc. Dernièrement encore, un aveugle était nommé directeur du service des postes de l'Angleterre. Le directeur général d'une de nos plus grandes compagnies de chemin de fer, est aussi aveugle. Enfin, pour m'arrêter, je citerai M. Vidal, sculpteur aveugle dont l'atelier se trouve à Paris, rue d'Enfer, 22, et dont les œuvres ont été médaillées aux expositions de sculpture. Mais de là, à conclure que la majorité des aveugles peut prétendre à ces professions, à ces carrières, il y a loin. Car, pour beaucoup d'entre elles, la cécité est un obstacle non infranchissable, puisqu'il a été franchi, mais qui est assez grand pour nécessiter chez l'aveugle une adresse, une intelligence au dessus de la moyenne.

(2) Il est évident que tout accordeur, tout organiste aveugle suffisamment vigoureux, peut, sans faire d'apprentissage, tourner une roue ou remplir quelque autre fonction de ce genre. Mais outre que de tels travaux abrutissent rapidement l'être intelligent qui s'y livre, ils ne fournissent pas à leur malheureuse victime de quoi satisfaire ses premiers besoins.

viennent peu aux aptitudes de l'aveugle ; la cécité en général devenant un obstacle d'autant plus grand, qu'on s'éloi-
gne davantage des travaux où l'intelligence a plus de part
que le corps.

On le voit, l'aveugle repoussé par tous ceux auprès
desquels il sollicite de l'emploi, tombera nécessairement
dans la plus grande misère. L'infortuné sera-t-il réduit à
mendier son pain, quand il pourrait honorablement gagner
sa vie. Debout, sous le portail d'une église, sera-t-il con-
damné à tendre la main aux passants et à entendre résonner
sur sa tête l'orgue touchée par une main inhabile, lorsqu'il
sent, le malheureux, que si on lui permettait de s'asseoir
au clavier de ce divin instrument, il pourrait ravir les fidèles
au lieu d'implorer leur charité?

VII

Mais non, il n'en sera pas ainsi, non, l'aveugle ne men-
diera pas ! Grâce à Dieu, chaque jour s'augmente le nombre
des personnes qui cherchent à s'éclairer sur la situation
de l'aveugle et sur ses vrais besoins. Dans les hautes sphères,
on commence à comprendre que la cécité ne dispense pas
l'homme de la grande loi du travail ; bientôt sans doute on
organisera des écoles spéciales en plus grand nombre, afin
de pouvoir donner de l'instruction et de l'éducation à tout
enfant aveugle susceptible d'en profiter. On fondera des
ouvroirs, des maisons de travail, et non plus de simples
asiles, pour les aveugles adultes (1). Ce dernier point, à lui

(1) Plusieurs fois déjà on a tenté d'organiser en France des
maisons de travail pour les aveugles. Mais jusqu'ici, faute de
ressources, faute d'être suffisamment connues, aucune de ces entre-
prises n'a pu atteindre un sérieux développement. L'Angleterre,
l'Amérique, nations plus pratiques et surtout plus persévérantes que
la nôtre, ont depuis longtemps des établissements de ce genre qui
rendent de grands services.

(Voir *L'instituteur des aveugles* par J. Guadet; le *compte rendu
du Congrès universel pour l'amélioration du sort des aveugles et
des sourds-muets*, etc., etc.)

seul, réalisera un immense progrès : car si, dans l'hospice, l'aveugle se trouve à l'abri des besoins matériels, il est privé de la satisfaction bien légitime de ne plus se sentir une lourde charge pour sa famille ou pour la société.

Enfin, les gens du monde commencent à sentir qu'ils doivent aux aveugles peut-être moins de stérile compassion pour leur cécité, et plus de justice pour leurs aptitudes et pour leur talent. Ils comprennent que la charité la moins coûteuse, la plus profitable, par conséquent la mieux entendue, est de continuer l'œuvre du grand Valentin Haüy, c'est-à-dire de procurer à l'aveugle, au sortir de l'école, le travail qui lui permettra de prendre dans la société la place que la cécité menaçait de lui faire perdre.

En me hasardant à écrire ces modestes pages, j'ai eu l'intention de montrer : que, le plus souvent, l'aveugle peut être un homme vraiment utile ; que la raison, la charité, nous font un devoir de l'instruire pendant son enfance et de lui fournir le moyen de gagner dignement sa vie en lui procurant de l'ouvrage lorsqu'il arrive à l'âge mûr. Dans les chapitres suivants, en parlant successivement : des études, des apprentissages que font les aveugles, et des principales professions qu'ils embrassent, du moins en France, j'espère montrer que leur travail a une valeur intrinsèque qui n'est pas à dédaigner. Puissent ces lignes tomber entre des mains bienveillantes et être lues jusqu'au bout. Elles ne seront pas, je l'espère, inutiles à la cause que je défends.

INSTITUTIONS DE JEUNES AVEUGLES

Les institutions de jeunes aveugles sont de véritables maisons d'éducation ; leur nom l'indique, et leurs règlements le prouvent. Donner à leurs élèves une bonne éducation et une solide instruction, telle est la mission de ces écoles. Elles ne peuvent admettre que les enfants qui, par leur âge, leur intelligence et leur santé, sont aptes à recevoir l'enseignement ; elles ne doivent conserver que les élèves dont les progrès sont satisfaisants.

En général l'organisation physique et intellectuelle de l'enfant aveugle se prête bien aux études musicales. L'homme privé de la vue, et par conséquent des nombreuses jouissances qu'elle procure, écoute volontiers, et les sons harmonieux prennent un grand empire sur son âme. De là à répéter ce qu'il a entendu, à vouloir reproduire, lui aussi cette harmonie, il n'y a qu'un pas. Tous les efforts des aveugles se tournent naturellement de ce côté.

En France il a été reconnu que les carrières d'organistes, de professeurs et d'accordeurs de pianos et d'harmoniums étaient celles qui offraient le plus d'avantages à l'aveugle. Dans ces professions la vue n'est pas indispensable et l'aveugle y est admirablement servi par son esprit posé, réfléchi, et par la délicatesse de son ouïe toujours en éveil, toujours exercée. Aussi les écoles d'aveugles de notre pays cultivent-elles ces heureuses dispositions et s'attachent-elles surtout à former des musiciens.

Le plus brièvement possible je vais faire connaître l'organisation et le programme des études de l'Institution des jeunes aveugles de Paris; car cet établissement, par son ancienneté, son importance et l'excellence des résultats qu'il obtient, occupe le premier rang parmi les écoles d'aveugles de la France et peut-être du monde entier (1).

(1) *Conditions d'admission à l'institution des jeunes aveugles de Paris*, 56, *Boulevard des Invalides.* — Nul enfant ne peut être admis à l'Institution s'il n'est âgé de neuf ans accomplis ou s'il a dépassé sa treizième année. Une exception à cette dernière limite d'âge est reçue en ce qui concerne les jeunes gens qui possèdent des connaissances suffisantes pour suivre à leur entrée, les cours correspondants à leur âge.

Les demandes d'admission doivent être accompagnées des pièces suivantes :

1º Acte de naissance de l'enfant ;

2º Déclaration, dûment légalisée, d'un docteur en médecine, spécifiant les causes de la cécité du postulant, le degré de cette infirmité, et attestant qu'elle paraît incurable ; ce certificat doit, en outre, porter que l'enfant jouit de toutes les facultés intellectuelles, qu'il n'est atteint ni d'épilepsie, ni de scrofule au second degré, ni de maladie contagieuse, ni d'aucune infirmité qui puisse le rendre inhabile aux travaux dont les aveugles sont capables ; enfin qu'il a eu la variole ou qu'il a été vacciné, et, dans ce dernier cas, que l'éruption vaccinale a eu son entier développement.

Le prix de la pension est de mille francs par an, payables par trimestre et d'avance. Des bourses sont entretenues dans l'établissement sur les fonds de l'État, ainsi que sur ceux des départements, des communes et des administrations de bienfaisance; c'est au Ministre de l'Intérieur, aux Préfets, aux administrations municipales ou de bienfaisance, selon le cas, qu'appartient la concession de ces bourses et que la demande en doit être adressée.

Les bourses sont divisibles.

Les fractions de pensions laissées à la charge des familles qui obtiennent une portion de bourse, sont calculées sur le taux nominal de huit cents francs par bourse entière de l'État, et de six cents francs par bourse des départements, des communes, etc.

Les bourses ou portions de bourses ne sont accordées qu'à des enfants nés de parents français.

La demande d'une fraction de bourse ou d'une bourse entière doit être accompagnée, en outre des pièces stipulées pour les pensionnaires, d'un certificat de l'autorité municipale, constatant la moralité et la position de fortune de la famille.

Un bon élève fait à l'institution un séjour de neuf années, pendant les quelles il travaille onze heures et demie par jour. L'enseignement se divise en deux sections : enseignement intellectuel et religieux ; enseignement professionnel comprenant : l'apprentissage d'un métier ou l'étude de la musique en vue de la pratique de l'orgue et du professorat. Presque toutes les classes sont faites par des professeurs aveugles, anciens élèves de l'école pour la plupart. Les candidats au professorat, suivant la branche de l'enseignement à laquelle ils se destinent, sont examinés par des agrégés de l'Université, ou des professeurs du Conservatoire, et ce n'est qu'après deux examens longs et minutieux, passés à deux ans de distance, devant de tels maîtres, après un long stage, que le titre de professeur est conféré au postulant. Un directeur administre la maison et a sous ses ordres le censeur des études à la tête du corps enseignant, et l'aumônier chargé de l'enseignement religieux. Les élèves apprennent les travaux manuels sous la direction de maîtres reconnus habiles dans leur profession. Enfin la surveillance des élèves est faite par plusieurs maîtres d'études claivoyants.

L'enseignement intellectuel comprend : lecture et écriture (système Louis Braille), grammaire française développée, éléments de rhétorique et de logique. Cours complet d'histoire et de géographie, dans lequel on s'attache particulièrement à l'histoire et à la géographie de la France. Arithmétique développée, éléments de géométrie, de physique et de cosmographie. Pour compléter cet enseignement intellectuel,

Il doit être versé dans la caisse de l'Institution, au moment de l'entrée de l'élève, soit pensionnaire, soit boursier, une somme de trois cent vingt francs représentant la fourniture et l'entretien de son trousseau pendant les huit années règlementaires d'études ; passé ce terme, l'entretien retombe à la charge de la famille, à raison de cinquante francs par an, payables à l'avance.

Nota : Les parents des enfants qui n'ont pas l'âge requis pour l'admission à l'Institution ne sauraient trop tôt s'adresser au Directeur pour recevoir les instructions nécessaires à la première éducation des enfants aveugles.

tous les jours, les élèves assistent à une lecture ayant pour but de leur faire connaître l'histoire générale de la littérature et les principaux chefs-d'œuvre classiques, anciens et modernes.

L'enseignement religieux comporte : l'étude approfondie du catéchisme, l'histoire de l'église et un cours supérieur de religion. Pendant la semaine sainte, on lit aux élèves des sermons et des conférences des grands orateurs de la chaire.

L'enseignement musical est le plus développé et absorbe environ les deux tiers du travail des élèves. Toutes ses parties sont étudiées à fond ; il comprend : la théorie et la pratique du solfège, de l'harmonie, du contre-point et de la fugue, de la composition *libre* sacrée et profane et de l'improvisation ; l'étude du piano, de l'orgue et d'un instrument d'orchestre à vent ou à cordes tels que : hautbois, cor, violon, violoncelle, etc ; l'étude du chant sacré et de le notation musicale en usage chez les clairvoyants, tant pour la musique moderne que pour le plain-chant ; enfin des classes d'ensemble instrumental, formant l'orchestre de l'institution, les classes d'ensemble vocal formant la chapelle de l'institution, et ses réunions fréquentes des deux classes dans des morceaux d'ensemble pour chœur et orchestre.

Afin de parfaire une éducation musicale déjà si étendue, les élèves des hautes classes sont conduits aux meilleurs concerts de musique classique qui ont lieu à Paris (1) et dans les églises renommées pour leurs offices au point de vue liturgique et artistique. Ces auditions musicales ont pour but de faire entendre aux futurs organistes, maîtres de chapelles, ou professeurs, d'excellentes exécutions des chefs-d'œuvre des grands maîtres de l'art classique et religieux.

L'enseignement industriel le plus important est celui de l'accord des pianos et des harmoniums. Cet art fait l'objet d'études théoriques et pratiques fort sérieuses qui occupent

(1) La société des concerts du Conservatoire, depuis sa fondation a réservé une loge pour les maîtres et les élèves de l'institution.

pendant plusieurs heures par jour les élèves qui s'y livrent. Dans les ateliers proprement dits, on s'occupe de la réparation des pianos et des harmoniums, du cannage et de l'empaillage des sièges, du tournage et de la filèterie.

Tous les mois, dans chaque classe, les élèves composent entre eux, et deux fois par an, le censeur assisté de trois professeurs leur fait subir un minutieux examen portant sur tous les points de l'enseignement (1). Pour les hautes classes de musique, les examens du dernier trimestre de l'année scolaire sont jugés par des musiciens étrangers à l'école et pour la plupart professeurs au Conservatoire de Paris (2).

Aux mêmes conditions que les garçons, les jeunes filles aveugles sont admises à l'institution où tout un corps de bâtiment leur est réservé. Elles ont, sous l'autorité du directeur de l'institution, leur institutrice ou maîtresse générale, leurs maîtresses, leurs surveillantes, et suivent d'ailleurs à peu près le programme d'études exposé plus haut (3). Seule la classe d'ensemble vocal est commune aux filles et aux garçons. La réunion des deux sexes à ce cours n'offre aucun inconvénient, et elle a l'avantage considérable de permettre d'exécuter la musique religieuse et classique écrite pour les voix d'hommes et de femmes réunies.

L'ardeur des élèves, et le zèle des professeurs sont puissamment stimulés par de fréquentes exécutions en public ; les offices en musique et les concerts que l'institution donne à

(1) C'est à la suite de ces examens que l'on demande le renvoi des élèves qui, par leur incapacité ou leur mollesse, ne profitent pas suffisamment de l'enseignement de l'école:

(2) C'est ainsi que les élèves de l'institution ont été examinés et souvent complimentés par des artistes tels que Messieurs Baudoin, Berbiguier, Coche, Colin, Conte, Dacosta, Dauprat, Duport, Elwart, Forestier, Franck (César), Guillou, Habeneck, Jadin, Lamoureux, Marmontel, Saint-Saëns, Savard, de Vroye, Wydor, etc.

(3) Les instruments d'orchestre, l'accord des pianos et des harmoniums, le tour, le cannage et l'empaillage des sièges ne sont pas enseignés aux jeunes filles.

certaines époques de l'année (1) ont pour but de montrer ce que peut faire l'aveugle comme exécutant et comme compositeur. Orchestre, chœur, grand orgue, solistes chanteurs ou instrumentistes, tout est réuni et exécute tour à tour la musique des grands maîtres et les meilleures compositions des professeurs et quelquefois même des élèves (2).

Tel est le programme des études; son étendue ne nuit pas à sa bonne exécution, et maintes fois l'institution a eu la flatteuse approbation d'artistes (3) éminents dont la compétence est irrécusable. Du reste le brevet d'instituteur, les prix du Conservatoire que les élèves de l'institution ont brillamment obtenus en concourant avec des clairvoyants, sont la meilleure preuve à donner de l'excellence de cet enseignement.

On voit qu'en prenant pour accordeur, pour professeur de musique, ou pour organiste un aveugle fournissant un certificat de bonnes études faites à l'institution, on est certain d'avoir un artiste de talent, instruit dans son art, non seulement praticien, mais encore théoricien, et, avantage précieux, cet artiste sera un jeune homme bien élevé, ayant reçu une éducation religieuse et littéraire infiniment plus soignée que celle qui est souvent donnée aux musiciens.

(1) Les jours de grandes fêtes, la chapelle est ouverte au public, et pour les concerts on peut demander au directeur de l'institution des cartes d'entrée (elles sont gratuites).

(2) Le célèbre Paganini, aimait à assister à ces fêtes musicales il se montrait prodigue d'applaudissements et plusieurs fois on le vit féliciter publiquement des exécutants ou des compositeurs de l'école.

(3) Des célébrités musicales, telles que : Chauvet, Godefroid, Guilmant, Halévy, Konski, Lemmens, Massenet, Ravina, Thalberg, Tulou, etc., etc, en visitant l'institution ont vivement félicité les professeurs des nombreuses et sérieuses qualités qu'ils remarquaient chez les élèves de l'école.

L'OUVRIER AVEUGLE

Bien des métiers sont accessibles à l'aveugle, qui en général est adroit et patient ; mais dans les institutions françaises on n'en a adopté qu'un nombre assez restreint, les principaux sont, pour les garçons ceux de : tourneurs, filetiers, canneurs, empailleurs de sièges, vanniers, brossiers, chaussonniers, etc., etc. Pour les filles, ceux de ces métiers que les femmes peuvent exercer, auxquels il faut ajouter le tricot, la broderie et toutes sortes de petits ouvrages de fantaisie.

Comme toutes ces professions sont ordinairement moins lucratives que celles de musiciens, on n'en fait faire l'apprentissage exclusif qu'aux enfants qui, pour des raisons physiques ou intellectuelles ne peuvent devenir musiciens ou accordeurs.

Au sujet de ces professions industrielles, il me semble inutile d'entrer dans de grands développements ; car les mêmes personnes qui ne veulent pas admettre que sans y voir on puisse devenir un accordeur, un professeur et un organiste de talent, n'ont pas de peine à croire l'aveugle apte à une foule de travaux manuels ; cela tient à ce que partout les aveugles intelligents qui ne peuvent acquérir de l'instruction cherchent au moins à occuper leurs doigts par des ouvrages manuels dans lesquels ils acquièrent souvent une grande habileté.

De plus, il est assez facile d'apprécier des travaux matériels ; avec un peu d'attention tout le monde voit si un filet est régulier, si un objet tourné est délicatement travaillé, et cela suffit pour faire tomber les préventions que l'on peut avoir sur l'aveugle ouvrier. Pour les travaux artistiques, au contraire, le nombre des vrais connaisseurs est fort restreint. Pour apprécier une œuvre d'art, il n'y a point de règle absolue, et la répugnance que l'on éprouve à croire l'aveugle apte à remplir telle ou telle fonction peut souvent influencer le jugement que l'on porte sur sa capacité. C'est pour cela que dans ce petit travail, je me suis attaché à faire ressortir les qualités vraies et sérieuses qui se rencontrent toujours chez les musiciens aveugles quand ils ont fait de bonnes études.

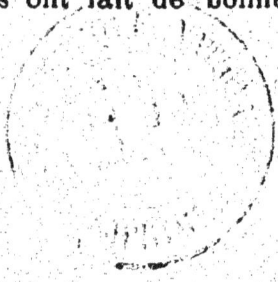

L'ORGANISTE AVEUGLE

L'histoire de la musique nous a conservé le nom de plusieurs artistes aveugles, auxquels leur talent sur l'orgue a acquis une juste renommée (1); l'organiste aveugle n'est donc pas une nouveauté, mais il est resté une exception jusqu'au jour où l'école, fondée par Haüy, s'est mise à former des organistes (1822). Depuis cette époque, plusieurs institutions de provinces ont suivi l'exemple donné par l'Ecole-Mère, et aujourd'hui beaucoup d'aveugles tiennent l'orgue dans des chapelles, des églises et même des cathédrales (2), où ils sont très appréciés par les personnes compétentes.

(1) Jean-Martin Neth, mort dans le Holstein, en 1736; Bibault, organiste de la cathédrale de Meaux, en 1754; obtint plus tard, au concours, l'orgue des Quinze-Vingts; Anneuse qui vivait à Lille en en 1770; Ferdinando Turini di Birtoni, devenu l'un des meilleurs compositeurs et organistes de l'Italie; les deux organistes espagnols, connus sous le nom d'aveugle de Valence et d'aveugle de Duroca, très populaires au XVIIIe siècle; Chauvet, organiste de la paroisse de Notre-Dame-de-Bonne-Nouvelle, dont le nom est resté au rang des habiles, etc., etc.

(2) On trouvera à la fin de ce chapitre le nom des principales églises dans lesquelles l'orgue est ou a été tenu par des organistes aveugles.

Malheureusement leurs qualités, comme organistes théoriques et pratiques, ne sont pas encore suffisamment connues, aussi je me propose d'en parler avec quelques détails dans les pages qui vont suivre.

Il ne faut pas juger de notre organiste par ces amateurs aveugles qui, sans direction et par une sorte d'instinct, sont arrivés à jouer plus ou moins bien du piano et de l'harmonium.

Non, les institutions de jeunes aveugles, et en particulier celle de Paris, sont de véritables écoles d'orgue, et les jeunes gens qui en sortent ont reçu, dès l'âge de dix ans, une éducation musicale, religieuse et intellectuelle, ayant pour but de les rendre capables de remplir les hautes fonctions du véritable organiste catholique.

Indépendamment du solfège et de l'harmonie, que doit savoir tout musicien digne de ce nom, il faut que l'organiste ait étudié la composition et l'improvisation pour orgue. Ne doit-il pas donner une forme correcte aux passages que l'on est souvent obligé d'improviser pour allonger ou raccourcir, selon les exigences de l'office, le morceau que l'on exécute (1).

Il faut qu'il soit familiarisé avec l'harmonie propre au caractère particulier de chaque mode de la tonalité grégorienne, qui diffère beaucoup, on le sait, de notre tonalité moderne. Il doit pouvoir transposer facilement, dans les tons les plus difficiles, une pièce de plain-chant, l'accompagnement d'un motet ou d'un cantique, afin de mettre ces morceaux à la portée de toutes les voix. Enfin, la belle, la vraie musique d'orgue est écrite dans le style lié, avec une partie de pédales, souvent assez difficile et toujours très importante, la pédale étant la base de l'orgue. Or, le style lié et le mécanisme de la pédale ne s'acquièrent que par une étude lon-

_____

(1) Un bon organiste doit être capable d'improviser les préludes, les morceaux d'entrée et de sortie et des pièces plus importantes, telles que offertoires, communions, etc.

gue et assidue, étude qui doit être commencée, lorsque l'on est encore assez jeune pour que les pieds et les doigts puissent se plier au jeu de l'orgue. Aussi un pianiste, si bon qu'il soit, s'il n'est que pianiste, ne fera jamais que du piano sur l'orgue, et c'est un crime!

Les organistes aveugles ont fait de l'orgue une sérieuse étude, complètement à part de celle du piano. Ils ont travaillé l'orgue sur de véritables orgues à tuyaux et à pédales en jouant la musique des Bach, des Rink, des Lemmens, etc., et ces travaux ont été faits sous la direction quotidienne d'un professeur d'orgue très expert en son art (1).

Presque tous ces organistes jouent, en outre, d'un instrument d'orchestre tel que : clarinette, violoncelle, etc. (2), et par conséquent ont fait partie, pendant plusieurs années, d'une classe d'ensemble instrumentale; là, en étudiant, en analysant les chefs-d'œuvre des grands maîtres de la symphonie, ils ont appris l'art si difficile de mélanger avec goût et de faire ressortir avec à-propos les différents timbres des jeux de l'orgue, cet instrument symphonique par excellence. Non seulement ils possèdent toutes les connaissances requises chez l'organiste pour en avoir appris la théorie et la pratique à la classe, mais encore ils en ont fait l'application au moins pendant un an, à la chapelle de l'Institution avant de se présenter dans une paroisse. Cet apprentissage a eu lieu devant leurs professeurs, qui ont pu ainsi rectifier les erreurs, indiquer les mauvaises tendances, en un mot cor-

(1) L'Institution de Paris a pour professeur d'orgue et de composition M. Louis Lebel, ancien élève de cette école, et actuellement organiste du grand orgue de l'église de Saint-Etienne-du-Mont, à Paris.

(2) Il est bien précieux pour une église, l'organiste capable de jouer un solo d'un de ces instruments; les meilleurs compositeurs de musique religieuse, Haydn, Mozart, Cherubini, ont souvent enrichi leurs motets d'une partie de clarinette ou de violoncelle. Aux grandes fêtes, l'exécution d'un morceau de ce genre contribue puissamment à relever une cérémonie.

riger les défauts en prenant les fautes sur le fait. Arrivés en première division, les élèves organistes tiennent chacun à leur tour le grand orgue et l'orgue d'accompagnement de la chapelle. Ils s'habituent ainsi à conduire un office en public, et ce n'est pas peu de chose que de jouer devant un auditoire, composé de maîtres et de condisciples.

Ce public, peu indulgent, ne se gêne guère, la cérémonie terminée, pour critiquer, assez vivement, telle ou telle partie de l'office dans lesquelles l'organiste n'a pas été à la hauteur de son emploi.

Les personnes qui n'ont jamais vu à l'œuvre un organiste aveugle, véritablement instruit dans son art, font, lorsqu'on leur propose un de ces organistes, plusieurs objections qu'elles croient capitales et qu'il est facile de réduire à néant. Ici, comme ailleurs, on est si peu accoutumé à voir l'aveugle faire quelque chose de sérieux, qu'il semble que pour lui tout doit être difficultés invincibles, obstacles insurmontables.

Et d'abord, dit-on, comment l'aveugle peut-il se rendre compte des mouvements que le prêtre fait à l'autel, mouvements qui, dans bien des cas doivent être connus de l'organiste? Pour répondre à cette question, il suffit de rappeler que la plupart du temps les organistes clairvoyants ne suivent que par l'oreille la marche des offices, car, dans beaucoup d'églises, le buffet de l'orgue est placé de telle sorte que l'exécutant ne peut voir devant lui. Du reste, chaque fois que le clairvoyant n'improvise pas ou ne joue pas par cœur (chose qui arrive souvent), il est obligé d'avoir les yeux attachés sur un livre, qui devient alors tout son horizon. L'aveugle, lui, a son conducteur placé de manière à voir le chœur, et par lequel il est averti des mouvements du clergé; on évite ainsi l'emploi de la clochette ou de tout autre signal bruyant.

Voici maintenant une seconde objection : l'aveugle, auquel on demande brusquement, au milieu d'un office, d'exécuter une pièce de plain-chant qu'il n'a pas présente à la mémoire, doit être forcément réduit au silence; eh bien non, l'aveugle, et ce n'est même pour lui que l'*a b c* du métier, prend son livre, lit le chant de la main gauche, et joue avec la main droite et les pieds, quatre notes à la main, une ou deux, suivant le cas, à la pédale, il obtient ainsi une harmonie parfaitement pleine qui ne laisse rien à désirer. Maintenant que ce problème est résolu, je ferai observer qu'un pareil cas ne se présente pour ainsi dire jamais dans une église bien ordonnée, où l'on a quelque souci de la dignité des cérémonies religieuses. Tout ce qui doit être chanté est réglé au moins une heure avant les offices; l'organiste a donc amplement le temps de se préparer, et du reste il sait toujours par cœur le *Propre* du temps.

Enfin on objecte encore que l'aveugle doit être très long à se familiariser avec un orgue un peu considérable. Pour répondre, je me contenterai de citer un fait entre mille : Le 3 septembre 1878, Victor Nant, presque aveugle de naissance et ancien élève de l'Institution de Paris, donnait une séance sur l'orgue monumental, construit par la maison Cavaillé-Coll, dans la salle des fêtes du palais du Trocadéro. Il n'y eut qu'une seule voix dans le public et dans la presse musicale, pour affirmer qu'il était impossible de soupçonner que le jeune artiste était aveugle, tant il avait exécuté avec une virtuosité remarquable les morceaux les plus difficiles des maîtres anciens et modernes, et cela avec une connaissance parfaite de toutes les ressources qu'offrent les combinaisons des 72 jeux répartis sur les 5 claviers du gigantesque instrument. Eh bien, le jeune aveugle avait eu à peine deux heures d'étude sur le magnifique orgue, et en un temps si court il s'était parfaitement familiarisé avec lui.

Au point de vue artistique, l'aveugle intelligent, musicien et instruit, est donc capable de remplir les fonctions d'organiste, j'espère l'avoir établi par tout ce qui précède. Pour achever ma tâche, il faut montrer maintenant que, pour remplir complètement ces fonctions, le talent musical ne suffit pas; qu'il faut encore et surtout de grandes qualités morales, et enfin qu'en général l'aveugle satisfait à toutes ces conditions.

Un véritable organiste catholique remplit une mission presque sacerdotale, il parle en la présence de Dieu, et s'il est artiste, la langue dont il se sert, trouve un puissant écho au fond de l'âme des fidèles; aussi doit-il toujours s'inspirer, se pénétrer de l'esprit de la fête célébrée par l'Eglise, et avant l'office se rappeler que les fidèles sont réunis pour prier Dieu et non pour entendre un concert. Dans sa musique il devra donc toujours prier, mais la prière a des formes multiples, elle est autre aux jours de joie et de triomphe qu'aux jours de pénitence et de deuil. Toutes ces nuances, l'organiste doit les connaître, ou plutôt les sentir, car ce sont de ces choses qui ne s'apprennent pas en lisant de savants traités, mais en méditant l'esprit même de la cérémonie. Le véritable organiste doit être un fervent chrétien, et cette condition, si essentielle, se rencontre surtout chez les jeunes gens qui ont reçu une solide instruction religieuse jointe à une bonne éducation.

Les organistes aveugles dont je parle ont été élevés dans une pieuse maison d'éducation. Tout jeunes, ils ont été soumis à la règle, ils ont reçu une instruction religieuse très soignée, et n'ignorent pas tout ce qui est en dehors de la musique. Ils possèdent des connaissances variées en littérature, en histoire et en philosophie, assez du moins pour désirer s'instruire encore davantage et pour goûter les délassements de l'esprit, qui éloignent toujours un peu des plaisirs matériels. Elevés pour l'orgue, ils savent ce qu'est la mission de l'organiste catholique, ils l'aiment et y consacreront leur vie.

Ouvrez donc la porte de l'Eglise à l'aveugle qui en est digne, sa place ne vous paraît-elle pas marquée à l'instrument qu'il sait si bien faire vibrer? Notre-Seigneur qui, plusieurs fois, a bien voulu choisir l'aveugle pour faire éclater sa puissance et sa bonté, aimera à le voir dans son temple. Autrefois, l'aveugle mendiant avait une place d'honneur aux portes des Eglises, la divine Providence lui donne le moyen d'en occuper une à l'intérieur de la maison de Dieu ; quel homme oserait la lui refuser ? Puisque le prêtre ne suffit pas pour donner au service divin toute la pompe nécessaire et qu'il admet les laïques à prendre part aux cérémonies du culte, l'aveugle ne doit-il pas être admis des premiers, comme revêtu du caractère sacré que donne à l'homme le malheur accepté chrétiennement.

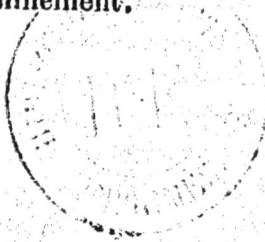

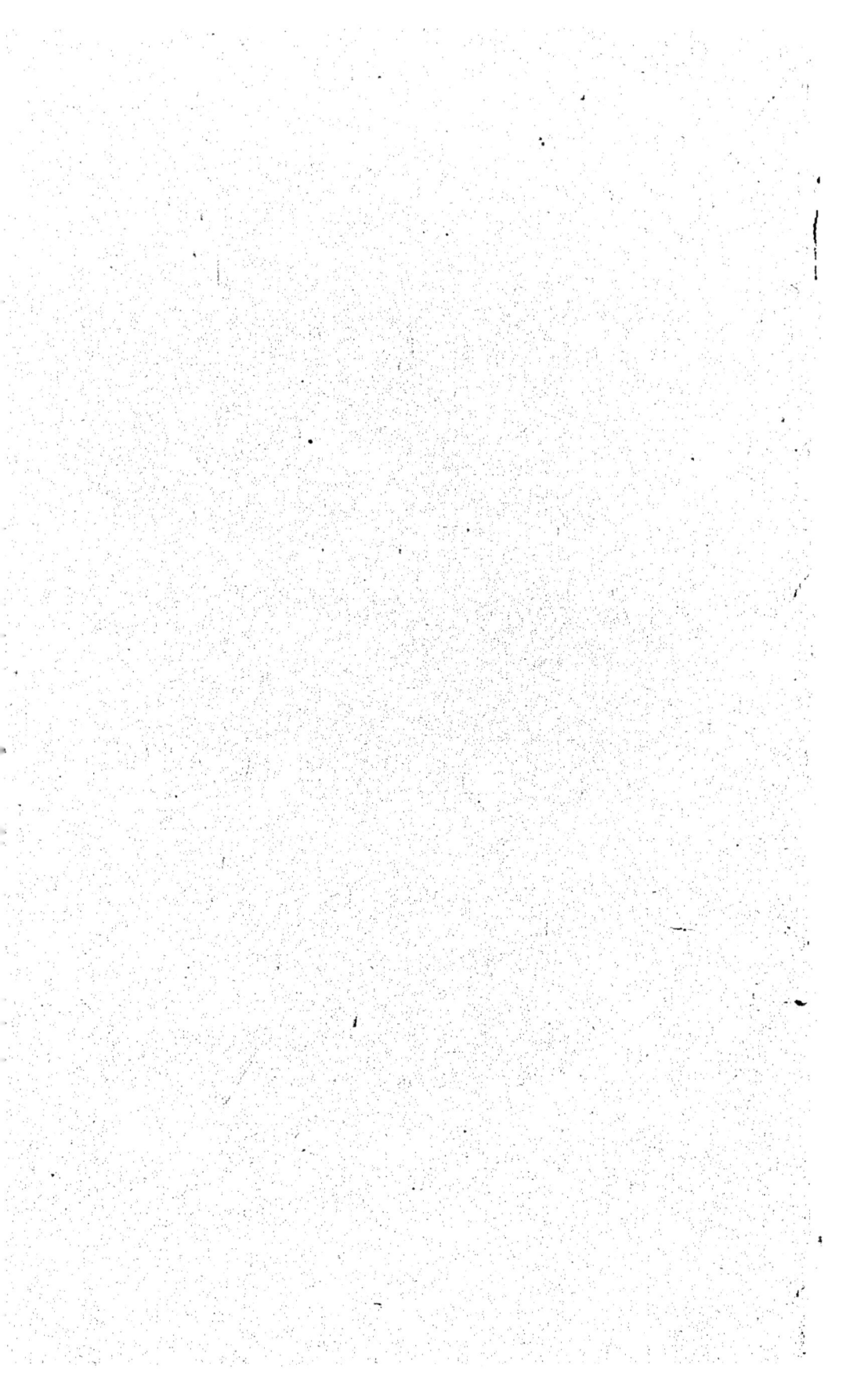

LE MAITRE DE CHAPELLE

L'aveugle fait un aussi bon maître de chapelle qu'un organiste de grand orgue. Ce qui vient d'être dit à propos de l'un, peut être répété pour l'autre. Le jeune organiste aveugle dirigera, dès le premier jour, avec aisance, la maîtrise qui lui sera confiée, son éducation musicale ayant été faite aussi en ce sens. Il a fait partie du chœur d'une chapelle, il a été rompu à la musique d'ensemble, tant au point de vue de l'exécution qu'au point de vue de la direction.

Cette étude, il l'a faite sous la conduite d'un maître de chapelle, professeur expliquant la raison des choses ; il a été accoutumé à accompagner à l'orgue des masses chorales fort importantes et dans des morceaux d'un ensemble souvent très difficile. Dès le début il s'acquittera de sa charge comme s'il la remplissait depuis longtemps, parce qu'il en a fait un sérieux apprentissage théorique et pratique. Certainement, au début, le maître de chapelle aveugle a un peu plus de travail que le clairvoyant, étant obligé d'apprendre par cœur le répertoire de la maîtrise qu'il dirige ; mais une mémoire musicale exercée pendant neuf ans d'études journalières, et une connaissance parfaite de l'harmonie et de la composition, facilitent singulièrement cette tâche. Du reste, l'aveugle ne redoute pas la fatigue ; Dieu lui a donné l'amour et la facilité du travail, dans lequel il trouve ses plus douces jouissances. Peu de temps lui suffit pour être parfaitement à même d'accompagner et de diriger tous les morceaux d'une chapelle et comme il aime son art, on est sûr qu'il ne sera avare ni de son temps, ni de sa peine, pour fonder, réorganiser ou augmenter une maîtrise.

Des aveugles ont été ou sont encore organistes des églises suivantes (1) :

A Paris : Saint-Antoine, Saint-Denis-du-Saint-Sacrement, Saint-Etienne-du-Mont, Saint-Germain-des-Prés, Saint-Henri, Saint-Honoré, Saint-Jean-Baptiste, Saint-Jean-Saint-François, Saint-Leu, Saint-Louis-des-Invalides, Saint-Marcel, Sainte-Marguerite, Saint-Médard, Saint-Nicolas-des-Champs, Notre-Dame-de-la-Croix, Saint-Philippe-du-Roule, Saint-Pierre-du-Gros-Caillou, Chapelle du Sénat, Saint-Thomas-d'Aquin, Sainte-Valère, etc.

(1) Un certain nombre des aveugles qui remplissent les fonctions d'organistes dans les églises citées ci-dessous, ont obtenu leur charge au concours.

Dans les cathédrales de : Blois, Coutances, Evreux, Limoges, Luçon, Meaux, Metz, Orléans, Rodez, Saint-Malo, Tours, Tulle, Vannes, etc.

Dans les églises paroissiales de : Abbeville, Aix, Anglure, Anguilcourt-le-Sart, Arbois, Ardres, Argentan, Argenton, Arles, Arras, Aubusson, Auxi-le-Château, Bahia (Brésil), Bailleul, Beaune, Bébec, Bergerac, Béthune, Betz, Bormes, Boulogne-sur-Mer, Bourg-la-Reine, Bray-Saint-Christophe, Brienne, Buironfosse, Bussang, Cannejan, Cassel, Champigny, Charité-sur-Loire, Châtellerault, Chacony, Civray, Cosne, Denain, Doulaincourt, Dourdan, Ecole, Etampes, Evreux, Fline, Fontainebleau, Fraissant, Genève, Gisors, Gournay, Gravelines, Grignon, Hénin-Liétard, Hesdin, Ile-Saint-Denis, Ivry, Joigny, La Flèche, Laon, Laval, Lecelle, Lens, Licques, Limoges, Loche, Longpont, Loos, Lorient, Macéville, Marest, Marine, Marseille (N.-D.-de-la-Garde), Meaux, Médéah, Merville, Mitry, Mondicourt, Montauban, Montreuil-Bellay, Mortagne, Mustapha-Supérieur, Nanteuil-le-Haudoin, Nemours, Nice, Notre-Dame-de-l'Epine, Orbec, Orléans, Orly, Fesmes, Pithiviers, Pointe-à-Pitre (Guadeloupe), Poitiers, Pont-Audemer, Pontivy, Pontoise, Précy-sur-Oise, Ré (Ile de), Rennes, Riceys (Les), Relampont, Roncheux, Saint-Amé, Sainte-Gabelle, Saintes, Saint-Irain, Saint-Lô, Saint-Malo, Saint-Maurice, Saint-Maixent, Saint-Remy, Salonique (Turquie), Santorin (Grèce), Savigny-sur-Orge, Singapour, Spezzia (Italie), Suippes, Tain, Toulon, Tournay (Belgique), Troissereux, Tulle, Vannes, Vaux-sous-Laon, Vernon, Ver-sur-Mer, Vigneulles, Villeneuve-sur-Yonne, Villers-sur-Bar, Vitré, Vitry-sur-Seine, etc.

Nota. Un grand nombre de communautés religieuses de Paris, des départements et même de l'étranger, ont des jeunes filles aveugles qui habitent dans le couvent, et qui y remplissent les fonctions d'organistes et de maîtresses de musique.

Eglises dans lesquelles des aveugles ont été ou sont encore maîtres de chapelle : Arbois, Arles (cathédrale), Arras (cathédrale), Civray, Clamart, Marseille (Saint-Victor), Pontivy, Rodez (cathédrale), Saint-Irain, Abbaye-des-Prémontrés (près Tarascon), Tulle (cathédrale), etc.

3212. — Paris-Auteuil. — Imp. des Apprentis-Orphelins. Roussel, 40, rue La Fontaine.

LE
PROFESSEUR AVEUGLE

La cécité n'a jamais empêché l'homme instruit, de communiquer son savoir aux autres par le professorat ; presque à toutes les époques et dans tous les pays, on a vu des aveugles parmi les maîtres des écoles les plus célèbres. Tels ont été Didyme, Nicaise de Malines, Phernandus de Bruges, Pontanus ou Pierre Dupont, Uldarich Schomberg, Saunderson, Moyses, Bérard, Penjon, etc. (1). Aujourd'hui qu'en France les institutions de jeunes aveugles sont surtout des écoles de musique, l'enseignement de cet art est devenu une carrière suivie d'ordinaire par les musiciens aveugles, qui y réussissent très bien et y acquièrent souvent

(1) Didyme, au ıv^e siècle occupa avec éclat la chaire philosophique de l'école d'Alexandrie ; Nicaise de Malines enseigna au xve siècle le droit canon et le droit civil à l'Université de Cologne, et fut consacré prêtre ; Phernandus de Bruges auquel Charles vııı confia une chaire à l'Université de Paris ; Pontanus ou Pierre Dupont, et Uldarich Schomberg, enseignèrent avec un grand succès les belles lettres, l'un pendant le xvı^e siècle à Paris, l'autre pendant le xvıı^e à Leipzig ; Saunderson et Moyses, au xvııı^e siècle, professèrent les sciences en Angleterre avec une grande distinction, Bérard, au commencement de ce siècle fut professeur de mathématiques et même principal du Collège de Briançon ; enfin Penjon qui, après avoir obtenu plusieurs prix de mathématiques au lycée Charlemagne et au grand concours de la Sorbonne se vit refuser une chaire de mathématiques à cause de sa cécité. Il ouvrit alors à Paris un cours public de mathématiques transcendantes dont le succès décida le gouvernement à lui accorder la chaire de mathématiques au lycée d'Angers, il mourut décoré de la Légion d'honneur.

une véritable réputation. En effet, c'est par l'oreille et pour l'oreille que s'enseigne la musique ; la vue n'est pas nécessaire pour cela ; ce qui est indispensable, c'est : la science, l'oreille et le goût. Nous allons voir que sans ces trois qualités il n'est pas de bons professeurs, et que les maîtres aveugles peuvent les posséder à un haut degré.

Pour enseigner quoi que ce soit, il faut savoir bien et beaucoup ; il faut avoir fait de longues et consciencieuses études en vue du professorat. Car on approfondit bien plus les matières que l'on étudie lorsqu'on sait qu'un jour il faudra les expliquer à des élèves.

La musique repose sur le solfège et sur l'harmonie ; ces connaissances doivent donc être familières au professeur. Sans savoir le solfège comment pourrait-il apprendre aux élèves : à bien phraser la musique, à exécuter avec précision des combinaisons de valeurs diverses et parfois très difficiles ? Sans savoir parfaitement l'harmonie et au moins un peu de composition, comment pourra-t-il reconnaître et corriger avec autorité les fautes de gravure si nombreuses dans les éditions courantes ? Comment pourra-t-il enfin se retrouver dans ces successions harmoniques neuves et hardies, qui, à la première audition, paraissent quelquefois étranges ? Avec la science, il faut encore au professeur de musique ce que l'on appelle de l'oreille. C'est-à-dire qu'à l'audition, il doit facilement distinguer toutes les notes, et tous les accords. Cela est indispensable pour que le professeur saisisse tout à la fois : la mesure, le jeu, le style de l'élève, en même temps que l'ensemble du morceau. Mais la science et l'oreille ne sauraient remplacer chez un professeur un goût sûr et délicat. Sans cette qualité, le maître ne pourrait former le goût de l'élève, ni lui donner un bon style, ni lui faire observer toutes les nuances ; et un instrumentiste qui exécute sans expression, eût-il un mécanisme remarquable, sera toujours plutôt curieux qu'agréable à entendre.

Les sérieuses études préparatoires qu'exige le professorat, sont justement celles que les aveugles ont faites dans leurs écoles. Pendant neuf ans, ils ont travaillé la musique sous toutes ses formes (solfège, harmonie, contre-point et fugue, composition) : et cela en vue de l'enseignement. Ils ont été rompus à toutes les difficultés du solfège et de l'harmonie ; les lois de la composition leur sont familières ; plusieurs d'entre eux sont même de bons compositeurs. La nécessité a développé en eux la délicatesse de l'oreille ; chez la plupart, elle apprécie exactement les sons musicaux, et leur mémoire en garde la valeur précise. Tout jeune, en s'amusant, l'enfant aveugle s'est habitué à nommer les notes à l'audition ; on comprend d'ailleurs qu'en ceci, ce qui n'est qu'utile chez les clairvoyants est indispensable chez les aveugles, et que leur ouïe acquiert ainsi nécessairement une finesse, une sûreté rares. Ces qualités, jointes à une connaissance parfaite de l'harmonie, permettent au professeur aveugle de suivre la mesure et le jeu de son élève. Enfin, les professeurs aveugles ont eu le goût formé par l'étude raisonnée des bons maîtres des écoles anciennes et modernes. Ceux qui ont été élevés à Paris ont entendu les meilleurs artistes de l'époque, ils ont suivi pendant plusieurs années les concerts du Conservatoire, de l'association artistique et d'excellentes auditions de musique de chambre. Ils ont ainsi entendu et joué des œuvres de tout genre, de tout caractère ; aussi, dans le choix de la musique, qu'ils font étudier à leurs élèves, ils n'apportent aucun parti pris, aucun préjugé d'école.

En même temps que le piano, l'harmonium, etc., le professeur aveugle peut enseigner le solfège, le chant, l'harmonie et la composition ; et comme il joue d'un instrument d'orchestre, il lui est facile de donner des leçons d'accompagnement ou d'ensemble, en un mot, il est à même de faire une éducation musicale très complète. C'est une économie et un grand avantage au point de vue de l'unité de l'enseignement de ne pas être obligé d'avoir recours à plusieurs maîtres de musique ; trop souvent il arrive que le professeur d'accompagnement critique ou contredit le professeur de piano. L'élève ne sait auquel entendre, ne comprend pas ces contradictions, et perd la confiance qui est si nécessaire de l'élève au maître.

Ce que j'ai dit jusqu'ici montre suffisamment que les aveugles ont ce qu'il faut pour faire d'exellents chefs de musique ou d'orphéon. D'ailleurs, dans toutes les villes où ils dirigent une société chorale ou instrumentale, ils obtiennent d'excellents résultats (1). Leur zèle est infatigable ; ils forment des exécutants, composent au besoin des morceaux de circonstance, et partout remplissent dignement leur rôle de chefs de musique.

Mais, dira-t-on : comment, sans y voir, peut-on apprendre à un enfant à connaître ses notes ? La réponse est bien simple : le professeur a un tableau sur lequel se trouvent en relief tous les signes en usage dans la notation des clairvoyants ; lorsque l'élève est arrivé à bien connaître les signes et la position qu'ils occupent sur la portée, le professeur lui fait lire des leçons, des études, qu'il suit lui-même sur un cahier en relief qu'il sait par cœur, et comme l'aveugle est naturellement méthodique et porté à tout expliquer, l'enfant comprend ce qu'il apprend et fait ainsi des progrès sérieux et rapides. Du reste, la preuve la plus concluante du succès que les aveugles obtiennent dans le professorat, c'est que, là où ils se trouvent, ils comptent parmi les meilleurs maîtres. Leur talent et leur savoir comme musiciens sont appréciés par les personnes compétentes, et les font fréquemment appeler pour juger les concours ; enfin, leurs qualités personnelles, leur tenue naturellement réservée, leur atti-

---

(1) Ce qui atteste l'aptitude et la valeur des aveugles musiciens et instruits, comme chefs de musique, ce sont les médailles que dans les concours, il n'est pas rare de voir obtenir par les sociétés chorales ou instrumentales que ces aveugles dirigent.

rent la confiance des mères de famille et des maisons d'éducation qui les choisissent souvent comme professeurs.

PENSIONNATS OU COLLÈGES

dans lesquels des professeurs aveugles donnent des leçons de musique.

Amiens (sœurs de Saint-Vincent de Paul); Andelys (Les) (institution Sainte Clotilde); Arles : (2 pensionnats de jeunes filles); Beaugency (pensionnat de Notre-Dame); Beaune (dames du St-Cœur de Marie; Beauvais (couvent de St-Joseph, religieuses de St-Aubin); Bébec (Turquie); Boulogne sur-Mer (pension de jeunes filles); Cadillac (pension dirigée par les sœurs deSainte-Marie); Carentan (pensionnat); Castillon-sur-Dordogne (pension dirigée par les dames de Nevers); Châtillon sur-Sèvres (Dames de la Sagesse); Châtre (La) (pensionnat); Chauny (pensionnat de jeunes filles); Civray (pension des Filles de la sagesse); Clermont-Ferrand (sœurs de St-Vincent de Paul); Doulaincourt; Dourdan (pension de jeunes filles de St-Paul, collège libre); Ecole (orphelinat); Evreux (petit séminaire, pensionnat de jeunes filles); Fontainebleau (pension de jeunes filles, maîtrise); Hesdin (collège); Joigny (collège et congrégation des Sœurs de Charité); Joinville; Lens; Licques (pensionnat); Longpont; Merville (pension des religieuses de l'enfant-Jésus, collège des PP. du Saint-Esprit); Montluçon (maison dirigée par les Sœurs St-Vincent); Montréal (collège des PP. de la Compagnie de Jésus); Nantes (Conservatoire); Olonzac (Dames de Nevers); Orléans (école normale, petit séminaire, et beaucoup d'autres maisons d'éducation); Paris (pension des religieuses de Sainte-Marie, rue Carnot; Religieuses de l'Immaculée-Conception, aux Ternes, et beaucoup d'autres maisons d'éducation) ; Pont-à-Mousson (pension de l'Immaculée-Conception) ; Pontarlier (dames de St-Maur); Rio-de-Janeiro (pensionnat) ; Rodez (couvent de N.-D. et institution Sainte Marie, pour les garçons) ; Saintes (collège ; couvent de Chavagnes; couvent de la Providence; 2 pensions de jeunes filles); St-Lô (école libre des frères de Sainte-Croix); Singapour ; Tulle (écoles normales et municipales); Verdun (collège); Verdun-sur-Garonne (Dames de Nevers); Villeneuve-sur-Yonne (écoles communales) ; Vitré (pension des Ursulines) ; etc., etc.

VILLES
dans lesquelles des professeurs aveugles ont une clientèle
de leçons de musique.

Ardres, Argenton, Auxi-le-Château, Bailleul, Beaune, Beauvais, Bordeaux, Bormes, Boulogne-sur-Mer, Brienne, Bruxelles, Buironfosse, Charité-sur-Loire, Chauny, Cormeilles, Darnay, Denain, Dourdan, Evreux, Fontainebleau, Hesdin, Joinville, Laval, Lens, Licques, Lille, Lorient, Marseille ; Nanteuil-le-Haudoin, Orléans, Ozouer-le-Voulgis, Pointe-à-Pitre (Guadeloupe), Poitiers, Pont-à-Mousson, Pont-Audemer, Précy-sur-Oise, Rio-de Janeiro, Rochefort, Rodez, Saintes, Saint-Lô, Saint-Malo, Saint-Vallier, Salonique (Turquie), Santorin (Grèce), Tain, Thiaucourt, Toulon, Tournon, Vannes, Vernon, Vitré etc.

VILLES
dans lesquelles des aveugles dirigent des écoles chorales ou instrumentales.

Auxi-le-Château (musique); Béthune (direction de la maîtrise) ; Ecole (fanfare) ; Licques (direction de la Maîtris?) ; Orléans (société de musique religieuse) ; Pont-Audemer (fanfare et orphéon) ; Précy-sur-Oise (orphéon) ; Saint-Lô (société chorale); Villeneuve-sur-Yonne (orphéon) etc., etc.

Paris-Auteuil. — Imp. des Apprentis orphelins. Roussel, 40, rue La Fontaine

L'ACCORDEUR AVEUGLE

Pour établir le mérite des accordeurs aveugles il suffit de montrer à quelles études théoriques et pratiques, à quelles séries d'épreuves minutieuses, l'institution de Paris (1) soumet ses élèves avant de leur donner un diplôme d'accordeur.

Les études d'accord o.. la même importance que celles d'harmonie, d'orgue etc. ; tout un matériel d'instruments leur est exclusivement consacré, et elles sont dirigées par un professeur de grand mérite possédant à fond, la théorie et la pratique de son art (2). Les élèves accordeurs passent dans cette classe au moins trois ans pendant lesquels ils reçoivent régulièrement des leçons, étudient plusieurs heures par jour, et, sous la direction d'un maître facteur, ils apprennent les principes de la construction des pianos et s'exercent à faire les réparations qui sont du ressort habituel de l'accordeur. L'atelier de facture recueille tous les instruments hors de service ; on les fait démonter, remonter, disséquer, par les élèves qui se familiarisent ainsi avec le mécanisme d'instruments de diverses constructions. Le professeur casse une pièce, dérange un organe du mécanisme, et l'élève est obligé de rechercher, de constater le désordre et d'y remédier. Ce travail se fait d'abord sous les yeux du maître, qui guide l'apprenti dans ses opérations successives,

(1) Je ne parle ici que de cette école, parce que c'est la seule en France, du moins à ma connaissance, qui ait des cours d'accord méthodiquement organisés.

(2) M. J. Siou, ancien élève de l'institution, musicien et accordeur distingué, formé par l'aveugle Montal, dont il sera question plus loin. M. Siou obtint à l'exposition de 1867 une médaille pour l'excellence de son enseignement et, en 1878, le même motif le fit nommer chevalier de la Légion d'honneur.

ensuite l'élève doit réparer le mal à lui seul, et se tirer d'affaire comme il peut. Ce n'est qu'une fois le travail terminé, que le professeur le voit et fait les observations nécessaires.

Lorsque les élèves savent convenablement accorder et que leur main est assez sûre pour ne pas fatiguer les chevilles, ils sont chargés de l'entretien et de l'accord des instruments d'étude. L'école en possède une cinquantaine qui, tous les jours sont accordés ou repassés, sous la direction et la surveillance du professeur d'accord. Enfin, les élèves des premières divisions ont l'entretien des meilleurs instruments, c'est-à-dire de ceux qui se trouvent dans les classes des professeurs de musique.

Cet entretien journalier d'instruments de différents facteurs est un excellent exercice d'application; les élèves y trouvent en abondance tous les cas qu'ils rencontreront plus tard chez les particuliers. Ces instruments étant fatigués dix heures par jour, il faut constamment y remettre des cordes, remplacer des marteaux, etc. etc., tantôt il faut les accorder en entier, tantôt se borner à relever quelques notes et tout cela doit être fait vite et bien. Ce stage pour les accordeurs, peut être comparé à celui des jeunes médecins dans les hôpitaux.

Trois fois par an, les élèves subissent un examen à la suite duquel on exclut de la classe tous ceux qui n'ont pas l'oreille ou l'adresse nécessaire pour devenir de bons accordeurs.

Voilà par quelles études, par quel apprentissage, les élèves de l'institution de Paris sont préparés à recevoir le diplôme. Ce certificat, on le voit, a une réelle valeur, et l'aveugle qui en est muni peut être regardé comme accordeur habile; car il possède de son art la théorie et la pratique : deux choses qui se rencontrent rarement chez les accordeurs clairvoyants qui débutent. De plus, cet aveugle n'est pas un simple ouvrier, souvent il est pianiste, harmoniste, et même compositeur;

d'ailleurs il a reçu une bonne éducation et l'instruction intellectuelle dont on a pu voir plus haut le programme.

Dans une petite brochure, intitulée : *De l'accord des
pianos par les aveugles*, M. Guadet a esquissé la carrière
d'accordeur de l'aveugle Montal ; il l'a montré aux prises
avec les difficultés que rencontrent presque tous les accordeurs aveugles lorsqu'ils cherchent à s'établir dans une ville
ou dans un pays qui n'a point encore été exploré par un
enfant d'Haüy. Je vais reproduire ici tout un passage de
cet intéressant opuscule qui complètera et confirmera ce
que j'ai dit de la classe d'accord de l'institution de Paris.

« (1) L'accord des pianos fut longtemps en France une
pratique routinière laissée à des ouvriers plus ou moins
exercés, mais étrangers à toute théorie raisonnée. Le premier qui appliqua les procédés de la science et de l'art à
l'accord des pianos fut un aveugle, ce fut Claude Montal. Il
prit possession pour ainsi dire de cette industrie et en
décrivit les procédés : il fut accordeur habile, et il consigna
son expérience dans un livre qui est devenu règle en cette
matière. Il est donc juste que ses compagnons d'infortune
soient les premiers dans la voie qu'il a, sinon ouverte, du
moins considérablement élargie.

» Dès 1821 ou 1822 un autre aveugle, sorti de l'institution
de Paris, M. Dupuis avait compris que l'accord des pianos
n'était pas inaccessible pour lui ; il s'était livré à la pratique
de cet art, et aujourd'hui il est, depuis plus de trente ans,
l'accordeur le plus recherché de la ville d'Orléans ; mais
c'est là un fait isolé, et c'est bien réellement dans l'institution de Paris, c'est par Montal, que l'art de l'accordeur est
devenu, en France, une industrie sérieuse pour les aveugles.

» Montal fut élevé à l'institution de Paris. Il y fit de bonnes études ; il y devint musicien, médiocre exécutant mais

(1) *De l'accord des pianos par les aveugles*, par J. Guadet, chef
de l'enseignement à l'institution des jeunes aveugles. — Paris. 1859.

théoricien profond. Dans l'école même, il étudia sérieusement l'accord des pianos, car il pensait déjà qu'il pourrait un jour se faire de cette industrie un moyen d'existence, s'il venait à quitter l'établissement. Voici comment il y fut amené:

» Les pianos de la maison étaient entretenus par un accordeur voyant; mais cet entretien laissait à désirer, et les instruments restaient souvent dérangés plusieurs jours de suite. Montal et un de ses camarades essayèrent d'accorder eux-mêmes ceux dont ils se servaient; l'accordeur se plaignit, et il fut interdit aux deux élèves, par le directeur de cette époque, de toucher aux pianos. Alors, le camarade de Montal se fit donner par ses parents un vieil instrument en très mauvais état, et il obtint que cet instrument fût placé dans l'antichambre même de l'appartement du directeur. Les deux amis démontèrent le piano, y firent les réparations nécessaires, et le remontèrent ensuite, tout cela afin que le directeur eût l'occasion de les voir à l'œuvre, et de comprendre que des aveugles peuvent accorder un piano. L'expérience fut décisive.

» Montal, devint professeur à l'institution de Paris; il avait été à même de se convaincre plus d'une fois que les accordeurs voyants ne procédaient guère que par routine, que peu d'entre eux étaient capables de raisonner la théorie de leur art. Il comprit qu'il y avait une meilleure route à suivre, et il résolut de faire servir les connaissances qu'il avait en acoustique et en musique à l'étude méthodique du *tempérament*, ou système de tolérance dans l'accord des instruments à sons fixes. Il se mit donc à consulter les ouvrages qu'il put se procurer sur la matière. Il appliqua toutes les théories et chercha à les concilier dans la pratique, en imaginant une manière nouvelle de faire la partition, manière qui le mit à même d'accorder un piano plus facilement qu'avec les théories connues. »

Comme Montal avait foi en son art, il quitta l'institution, et chercha à prouver que l'aveugle pouvait, aussi bien et

même mieux que qui que ce soit, accorder un piano, mais
la chose était nouvelle, et le hardi novateur eut à surmonter
bien des obstacles, à vaincre bien des préjugés.

« (1) Cependant, il parvint à se mettre en rapport avec
quelques professeurs du Conservatoire, et entre autres avec
M. Laurent. Celui-ci avait chez lui deux pianos, l'un à
queue et l'autre droit, sortis de deux ateliers différents.
Personne encore n'avait pu maintenir au même ton ces deux
pianos. M. Laurent demanda à Montal s'il croyait pouvoir
le faire. Celui-ci offrit d'essayer ; il examina les instruments,
reconnut les particularités de leur construction qui agissaient
dans chacun d'une manière différente, comprit ce qu'il y
avait à faire pour réussir, et réussit : ce qui étonna telle-
ment M. Laurent, que le lendemain il présenta Montal aux
professeurs du conservatoire comme le meilleur accordeur
de Paris. Il le recommanda particulièrement à Zimmerman
et à Adam, qui l'accueillirent parfaitement, lui procurèrent
l'accord des pianos d'une partie de leurs élèves, et l'autori-
sèrent de s'appuyer de leurs suffrages ; cela lui fut du plus
grand avantage dans le monde, et l'aida puissamment à
vaincre le préjugé qu'il rencontrait toutes les fois qu'il se
présentait dans une maison nouvelle. Je dis maison nouvelle,
car ce préjugé tombait bien vite dès qu'on avait vu l'accordeur à l'œuvre.

» En 1832, Montal eut la pensée de faire un cours public
d'accord du piano à l'usage des gens du monde. Ce cours
fut très suivi, et montra aux connnaisseurs combien la méthode de l'accordeur aveugle était rationnelle et plus simple
que toutes celles qu'on avait appliquées jusque là. La clientèle de Montal s'en accrut considérablement.

» L'exposition des produits de l'Industrie en 1834 acheva
de mettre Montal hors de pair parmi les accordeurs. La plupart des facteurs voulurent que leurs pianos fussent accordés

(1) Extrait du même ouvrage.

par lui. Il profita de cette circonstance pour faire imprimer une petite brochure intitulée : *Abrégé de l'art d'accorder soi-même son piano.* Cette brochure, qui se vendait à l'exposition même, sur les pianos des facteurs, fit sensation ; on en parla dans le monde artistique, et une moitié de l'édition fut enlevée en moins de huit jours.

» Montal faisait déjà un petit commerce de pianos, il achetait des instruments et les réparait, soit par lui-même, soit par un ouvrier ; il eut un second ouvrier l'année suivante, et alors commença réellement la fabrique de pianos à la tête de laquelle il est aujourd'hui.

» Toutefois son établissement était encore bien modeste ; il avait pour siège une mansarde de la rue Poupée, au quatrième étage. Montal faisait là des petits pianos droits dans le genre de ceux que Pleyel avait importés d'Angleterre, et qui avaient alors beaucoup de vogue. Ces pianos confectionnés avec soin et intelligence, se plaçaient aisément à l'aide des accords que le facteur était loin de négliger.

» En 1836 Montal publia un traité complet de l'accord du piano, ouvrage suivi aujourd'hui non seulement en France, mais partout où s'exerce l'art de l'accordeur. »

La maison Montal fut une des plus importantes de Paris, elle eut la fourniture du roi de Hanovre, de l'Empereur et de l'Impératrice des Français, et de la Maison impériale du Brésil, et son chef, après avoir obtenu 11 médailles (de 1845 à 1856) aux différentes expositions françaises ou étrangères, fut décoré de la Légion d'honneur pour les progrès qu'il avait fait faire à la construction des pianos (1).

Après lui, d'autres accordeurs aveugles se sont mis dans le commerce et la fabrication des pianos, et plusieurs d'entre eux sans être arrivés à la réputation et aux honneurs qui ont récompensé les efforts persévérants de leur hardi

(1) Montal mourut en 1865.

pionnier, ont fait cependant et font encore ce que l'on peut appeler de bonnes affaires. Tels sont à Paris :

Coquet, 10 rue de Babylone ; Krebs, 91 rue de Sèvres ; Guillemin, 184 rue de Sèvres ; Lavaud, 55 rue Lecourbe ; Létang, 73 rue La Condamine ; Oury, 14 rue Bayen ; Picard, 36 rue Ménilmontant ; Tremblay, 45 bis rue des Sts-Pères ; Viet, 15, rue Dauphine ; Laronde à Bordeaux, 5, rue Blanc-Dutrouilh ; etc.

Des accordeurs, anciens élèves de l'institution des jeunes aveugles de Paris, ont été, ou sont encore employés chez les facteurs dont les noms suivent :

A Paris : Aurand, Avisseau, Bechr, Baron, Baudet, Bellet, Blondel, Bord, Bucher, Casper (ainé), Coquet, Couty et Liné, Debain, Elcké, N. Erard, Fiet, Gand et Bernadel, Gilson, Godard et Cie, Guillot, Hansen, Herce, Külerick, Krebs, Lacape, Lafontaine, Laschett, Lavaud, Mertens, Moullé, Muller, Pape, Pasdeloup et Viet, Planchat, Pleyel, Ramelot, Rinaldi, Saury, Schotte, Schousen, Sureau, Systermans, Thibout, Tournier, Tranchant, Tremblay, Uzès, Vygen, Wolter, Zell, etc. etc.

Dans les départements : Valentin à Angoulême, Chazelle à Avallon, Mahé à Brest, Morin à Laval, César à Lorient, Maroqui à Lyon, Roux à Nantes, Bonnel (frères) à Rennes, Bonnel (jeune) à Rouen, Farfelier à St-Quentin, Custer à Valence, etc. etc.

Villes dans lesquelles des accordeurs aveugles ont une importante clientèle d'accord : Auxerre, Bordeaux, Bourg, Brunoy, Châlons-sur-Marne, Chauny, Clermont-Ferrand, Cormeilles, Die, Dijon, Dourdan, Etampes, Evreux, Feurs, Fontainebleau, Hyères, Laval, Lens, Le Puy, Les Riceys, Licques, Lyon, Marseille, Merville, Montbrison, Nantes, Nice, Orléans, Périgueux, Pont-Audemer, Rodez, Rennes, Rochefort, Romescamps, Rouen, St-Etienne, St-Galmier, St-Lô, St-Vallier, St-Quentin, Sens, Tain, Toulon, Tours, Valence, etc., etc.

3212. — Paris-Auteuil. — Imp. des Apprentis orphelins. Roussel, 40, rue La Fontaine.